LE ROI
DES LYS

ÉTUDE PROPHÉTIQUE

SUR LE

GRAND MONARQUE

PARIS

VICTOR PALMÉ, LIBRAIRE ÉDITEUR
25, RUE DE GRENELLE SAINT-GERMAIN, 25.
—
1871

LE
ROI DES LYS

LA FLEUR DE LYS

Chez certains peuples appelés à jouer un rôle capital dans la marche de l'humanité vers le royaume de Dieu, on trouve des symbolismes poétiques où toute la mission de ces peuples est figurativement écrite.

Ces gracieux symboles ne portent aucune trace d'invention humaine.

Ils naissent, fleurs délicates et mystiques, dans je ne sais quelle région éthérée, et éclosent au souffle de la Providence.

L'un des plus anciens, des plus aimables et des plus profonds tout ensemble est celui de la fleur de lys.

Dès l'antiquité la plus reculée, en effet, le lys a

été la fleur symbolique et prophétique par excellence.

Avait-elle été dans Eden, par suite de propriétés maintenant méconnues, le sceptre de paix et d'amour que l'homme innocent étendait sur la nature joyeusement docile? Avait-elle été en même temps l'emblème profond et gracieux de la force dans l'innocence et dans la pureté? Je l'ignore. Ce que je sais, c'est qu'on la trouve mêlée à tous les symboles de l'antique Orient qui ont pour objet, soit de conserver le souvenir de la chute originelle, soit de prophétiser le rôle sublime de la virginité dans le mystère de la rédemption, soit de préfigurer la douceur de l'autorité que devait inaugurer le Messie au sein de l'humanité régénérée, soit enfin de chanter, sous le ciel sombre des temps de malédiction, la grande espérance que les pèlerins des anciens jours emportaient aux quatre points cardinaux, et qui était comme l'étoile polaire de leurs âmes.

Plus ou moins vagues et obscurs chez les peuples idolâtres, ces symbolismes sont d'une admirable transparence chez les Hébreux, gardiens fidèles et de l'extrait de naissance de l'humanité et des promesses de la miséricorde divine.

« C'est à la fleur de lys, dit un de nos vieux chroniqueurs, que la Divinité a permis, prélativement à toute autre fleur, d'estre placée parmy les raretés et les merveilles qui esclatoient, il y a plus de deux mille ans, dans cet auguste temple de Sion. Dès l'entrée, on voyait ces deux grandes colonnes de bronze, nommées Booz et Jachim, c'est-à-dire force et conduite, qui portoient sur leurs chapiteaux des manières de boules semées de fleurs de lys, et au beau milieu du sanctuaire, ce fameux chandelier à sept branches, estoit enrichi et embelli de quantité de beaux lys d'or massif. Et puisque toutes les particularités de cet incomparable édifice avoient estés déclarées, ordonnées, et dressées de la part du Dieu vivant, et que, par conséquent, elles estoient grandement mystérieuses, je vous laisse à penser si les lys qui y tenoient leur rang, et mesmement estoient placés aux lieux les plus visibles, les plus éclairés et les plus remarquables, ne donnoient pas assez à cognoistre que le Très-Haut les avoit en singulière vénération, et que le grand Esdras, parlant à Dieu, disoit avec vérité : *Ex omnibus orbis floribus elegisti tibi lilium unum*, c'est-à-dire : de toutes les fleurs de la terre vous n'avez choisi que le lys. »

Non-seulement Salomon, inspiré par d'antiques traditions, fit représenter des lys au haut des colonnes du temple, mais encore il avait donné à ces colonnes la forme élégante d'une tige de lys. La mer d'airain destinée aux sacrificateurs avait, elle aussi, la forme d'une fleur de lys.

Dans les médailles des rois de Juda l'on voit aussi figurer la fleur de lys comme emblème de la royauté et de l'autorité.

Tous ces gracieux emblèmes, partout reproduits chez le peuple de Dieu, ne disent-ils pas, dans leur touchant langage, qu'un jour le lys des vallées, chanté par Salomon, c'est-à-dire la Vierge, fleurira, et que de son sein, comme d'un calice parfumé, sortira celui dont la vie doit réjouir et embaumer la terre ? Ces colonnes au sommet desquelles s'épanouissaient des lys, ne prédisaient-elles pas qu'un jour viendrait où l'ancien temple, le temple froid, sévère et redoutable de Jéhovah, serait changé en un autre où Dieu et l'homme converseraient d'une manière plus intime qu'aux jours regrettés de l'Eden ? Et ces beaux lys d'or massif du chandelier à sept branches, d'où s'échappaient des jets de flammes, ne prophétisaient-ils pas que de la pureté virginale s'échappait, pour ainsi dire, a charité, la vraie lumière du monde ? Et la présence de cette fleur dans la couronne des rois de Juda ne prophétise-t-elle pas qu'un jour le sceptre de fer sera remplacé par la houlette chrétienne ?

II

Dans l'antique et sacerdotale Égypte, qui, sous le voile de sa mystérieuse mythologie, conservait tant de traditions et tant de débris imposants des vérités primitives, nous trouvons la fleur de lys comme symbole ou attribut des dieux et des rois, comme ornement du bandeau royal au front des statues et des sphinx, et comme sceptre dans les mains souveraines.

« Cette fleur, si différente du lotus égyptien », dit Adalbert de Beaumont, « est évidemment, par la forme qu'elle représente, par sa signification allégorique, le symbole de la *fécondité*, du *bonheur* et de la *richesse*. Osiris, Isis et Horus en sont couronnés. Un bas-relief du temple d'Ombos nous montre la déesse Thtah couronnée de cette fleur et tenant une tige de la même plante, qui semble une allégorie des artères communiquant au cœur placé au centre, puis au cerveau, représenté par la couronne d'où s'échappent d'autres tiges fleuries. »

Souvent, dans les peintures sépulcrales, le lys figure, par son union avec le signe du ciel, l'Egyptien régénéré après sa mort.

Chose plus singulière encore! on voit des bas-reliefs égyptiens où le serpent entoure de ses anneaux la tige d'un lys, courbe cette tige à la naissance du calice, et hissant sa tête sur la fleur inclinée, ouvre une gueule horriblement triomphante et darde autour de lui des regards étincelants.

On voit encore le serpent contourner le lys, l'enlacer de ses replis, en prendre pour ainsi dire la forme, et ne faire, en quelque sorte, qu'une seule chose avec lui.

N'est-il pas évident que ce sont là autant de symboles de la chute originelle, autant d'obscures prophéties annonçant qu'un jour viendrait où le lys captif briserait les anneaux du serpent, et redeviendrait le sceptre du monde régénéré? Et ce qui ajoute encore à cette évidence, c'est que dès la plus haute antiquité l'on croyait que le lys est le plus grand ennemi des serpents, et que l'huile que l'on en tire les tue.

C'est en vertu de ces souvenirs et de cette

espérance sans doute que cette aimable fleur fut dans tout l'Orient le principal attribut emblématique de la royauté.

III

Rome, par ses sybilles, ses *vates*, ses premiers législateurs, baignait encore dans le monde oriental. Quoique affaiblies, certaines lueurs venant du foyer primitif éclairaient encore le front des contemporains de Romulus et se projetèrent longtemps encore sur ses descendants. Il n'est donc pas étonnant qu'ils aient eu connaissance du symbolisme traditionnel de la plante sacrée des Hébreux.

Nous trouvons en effet que, pour les Romains, le lys était l'emblème de l'espérance, de cette grande et universelle espérance dont Virgile, remontant le cours de la tradition, chanta un jour la réalisation prochaine.

« Entre les médailles consulaires de la famille Claudia », dit messire Jean Tristan (*Traité du lys*), « il y en a une d'argent où se voit la déesse SPES couronnée d'un tissu entrelacé de boutons et feuillages de lys, dont les nœuds de devant et derrière sont décorés chacun d'un fleuron, en ayant un autre représenté ouvert et un pourfil derrière son effigie.

« Mais sur les revers et devises des médailles impériales, comme celles des empereurs Claudius, Pesennius Niger, Alexander Severus, Philippus Emilianus et autres, cette déesse est représentée avec les épithètes de *augusta, publica, perpetua, bona* et de *spes felicitatis*. En cette posture et attribut, une fille jeune, gaye, d'une allure délibérée et sans ceinture, lève de bonne grâce le pan de sa robe, de la main gauche, afin de pouvoir marcher plus librement, tenant avec respect, des premiers doigts de la droite, un fleuron de LYS, représenté en pourfil, et à *demi espanouy*. Et de même, en une de bronze d'Emilian, comme aussi en une d'argent d'Alexandre Sévère, elle tient une tige de LYS chargée de trois boutons *non encore ouverts*. Et même en une médaille grecque de *Saloline*, elle tient pareillement une tige, mais avec une seule fleur de LYS, comme un sceptre. Enfin en une autre médaille de *Pescennius Tetricus*, elle tient aussi une tige avec un fleuron *demy-ouvert*. Mais celle d'or de l'empereur Adrien, du cabinet du duc d'Arschot, est très-remarquable. Car elle représente L'ESPÉRANCE tenant un lys qu'elle offre à trois jeunes guerriers qui, le casque en tête, la contemplent, et l'un d'iceux porte la main droite devers cette fleur, comme pour la recevoir de la main de cette déesse.

« La médaille de *Cornelius Soloninus Valerianus,* avec l'épithète et inscription de Spes publica, avec la représentation de cette déesse qui tient cette fleur en sa main, et de l'empereur qui lui *montre un grand Astre en élesvation céleste et au-dessus d'eux, désigne l'espérance de choses beaucoup plus sublimes, plus triomphantes, plus glorieuses que l'espérance toute terrestre.* »

Selon Alciat, on représentait la Beauté céleste, Vénus-Uranie, environnée d'une gloire, la moitié de la tête cachée dans les nues, tenant un lys d'une main, et de l'autre un compas et une boule.

Entre ce « fleuron de lys à *demy espanouy* », pour parler comme notre vieux chroniqueur Tristan, et l'espérance de plus en plus vive d'une grande révélation divine, les analogies ne sont-elles pas aussi claires que gracieuses?

Et cette Espérance « tenant une tige de lys chargée de *trois boutons non ouverts* », n'est-elle point un symbole à la fois traditionnel et prophétique du Dieu inconnu dont le sein devait s'entr'ouvrir un jour et nous laisser voir dans une mystique lumière les trois personnes divines dans l'unité d'une seule et même substance?

Quant à l'Espérance de la médaille de Cornelius Valerianus, avec l'épithète et inscription de SPES PUBLICA, n'est-elle pas visiblement une symbolisation admirable de l'attente universelle de l'Étoile céleste, et ne désigne-t-elle pas, comme chez les Egyptiens, « l'espérance de choses plus sublimes, plus triomphantes, plus glorieuses que l'espérance toute terrestre »?

Et puis, quelle sublime préfiguration de la Vierge dans cette manière de représenter la Beauté céleste dont parle Alciat!...

C'est pour cela que les poëtes anciens donnent à cette fleur l'épithète de *riante*.

C'est pour cela que plusieurs philosophes païens, Arthémidore entre autres, ont affirmé que les couronnes composées de lys vus en songe sont un puissant motif d'espérance.

C'est pour cela enfin que saint Grégoire de Nazianze appelle le lys « *le vêtement de la joie* » *vestem lætitiæ*.

IV

Quand les jours de la rédemption approchent, le sceptre d'Adam, desséché par le péché, se prend à refleurir dans les mains de l'humble et chaste Joseph, et annonce par son « fleurissement » la venue de celui en qui et par qui toutes les fleurs fanées vont renaître à une vie nouvelle.

Voici comment un des naïfs écrivains du seizième siècle, s'inspirant du récit des Évangiles apocryphes, nous raconte ce miracle :

« Le grand prestre, jugeant que le temps de marier la Vierge Marie étoit venu, réunit au son des trompettes tous les jeunes garçons de la tribu de Juda, et leur dit :

« Je vous admoneste, que tous ceux qui sont
« à marier de la ligne de Juda, vous veniez tous
« demain bien matin au temple, et que chacun
« apporte en sa main une verge. »

« Et ainsi que le commanda le grand prestre, fut fait.

« Adonc, Joseph, lequel étoit assez complétement âgé, y vint avec les autres jeunes gens, sans avoir nulle verge en sa main comme les avoient, car il n'y étoit pas venu pour soi marier, mais seulement y étoit venu pour regarder le mystère que les autres faisoient. Et quand ils furent tous devant le grand prestre, chacun une verge à la main, il n'y en eut nulle qui fit le signe qu'elle devoit faire. Le grand prestre regarda Joseph qui n'en avoit point, et le blasma comme par moquerie, et dit à tous : « Allez-vous-en, et retournez demain matin, et « chacun de vous apportera une verge à la « main. » Et quand ils s'en furent tous allés, l'ange apparut au grand prestre et lui dit : « Fiance Marie à celui dont le sommet de la « verge fleurira. » L'ange dit encore au grand prestre : « Dieu m'a envoyé à toi, et te mande « que à celui à qui sur la verge qu'il tiendra en « sa main viendra une colombe, baille à celui-« là Marie pour époux. »

« Et quand ce vint le lendemain, tous ceux qui étoient à marier retournèrent au temple avec des verges en leurs mains.

« En allant, Joseph disoit en soi-même : « Le « grand prêtre se moquoit hier de moi pour ce « que je n'avois pas une verge, et ne l'osois porter « de grand peur qu'ils ne se moquassent de moi « pour ce que je suis vieux, mais je la porterai « maintenant. » Adonc prit une verge et s'en alla au temple, et se mit tout derrière les jeunes gens pour ce qu'il ne se vouloit pas fort avancer. Et quand ils furent tous ensemble, chacun d'eux leva la verge contrement, et, quand Joseph vit que chacun d'eux levoit la verge, il leva la sienne. Et incontinent, quand il l'eut levée, une colombe blanche se vint seoir dessus, et la verge fut toute fleurie. »

C'est en vertu de cette tradition qu'on représente toujours Joseph une fleur de lys à la main.

Ici la légende s'arrête, et la vérité évangélique commence.

Quelques jours après, par une claire matinée de printemps, l'ange Gabriel, une fleur de lys à la main, descendait du plus haut des cieux dans la maisonnette de Nazareth où priait la Vierge agenouillée, et, s'inclinant profondément devant elle, saluait la nouvelle Eve par ces paroles célestes que l'univers chrétien ne cesse de répéter : « Je vous salue, Marie, pleine de grâce : le Seigneur est avec vous ; vous êtes bénie entre toutes les femmes ! »

L'Evangile ne dit pas que l'ange tînt une fleur en sa main ; mais le lys était si généralement reconnu comme l'emblème prophétique de la rédemption du monde par la pureté virginale et féconde, qu'il n'est pas étonnant que la légende chrétienne, si admirable et si vraie dans ses créations, en ait prêté un au messager céleste.

V

Cinq siècles se sont écoulés depuis l'incarnation du Sauveur. Le monde romain s'écroule avec un fracas épouvantable. De l'Orient à l'Occident ce n'est plus qu'une horrible mêlée d'hommes dont les flots s'entre-choquent avec fureur. La vérité chrétienne semble devoir s'éteindre dans le chaos sanglant et satanique. Mais, comme aux premiers jours de la création, l'esprit de Dieu était porté sur cette confusion rugissante de toutes les races humaines et la fécondait. Grâce à l'Eglise, toujours assistée et dilatée par le Paraclet, un ordre admirable, une harmonie sublime, une création pleine de magnificence et de jeunesse allait surgir de cet immense chaos. Déjà vainqueur de la corruption romaine, le christianisme allait, pour manifester sa force divine, vaincre, soumettre, convertir la barbarie et tirer de la tempête elle-même la régénération et la paix du monde. Pour ce grand ouvrage, la Providence avait besoin d'un peuple apôtre. Elle en trouva les rudiments dans la race gallo-franque. Celle-ci, chez laquelle les généreux instincts naturels étaient encore vivants, correspondit à la grâce, se saisit avec un admirable élan de la vérité présentée, et sortit du baptistère de Saint-Remy entièrement transfigurée et tenant dans sa main la mystérieuse fleur de lys, emblème touchant et de son élection et de sa mission dans le monde.

Comment la fleur sacrée était-elle venue se fixer sur l'eau de la royauté française ?

C'est ce que vont nous apprendre des traditions aussi anciennes que cette royauté elle-même.

« Que l'on dispute tant qu'on voudra », dit Tristan, « des armes que portoit Pharamond ; mais quand il est question de venir au grand Clovis, l'on doit demeurer d'accord que le premier chrétien de nos monarques quitta les anciennes armes (trois crapauds) pour charger son écu d'azur de trois fleurs de lys d'or, que le ciel lui avoit envoyées par l'entremise de l'Archange. J'adjouteray seulement que nous ne devons pas nous estonner de ce que le lys, entre toute sorte de fleurs et de plantes, a esté choisi de la Divinité pour en faire présent à celui qui le premier de tous les roys de ce bas monde a embrassé la religion chrétienne, veu que ç'a esté ce beau lys à qui l'Esprit de vérité a comparé le roy de l'univers. »

Voici, d'après un de nos anciens chroniqueurs, comment et dans quelles circonstances les lys remplacèrent les crapauds sur l'écu de France.

S'adressant au roi Charles V, cet ancien chroniqueur, Raoul de Presles, lui parle ainsi :

« Et si portez les armes de trois fleurs de lys, en signe de la benoîte Trinité, qui de Dieu par son ange furent envoyées au roy Clovis, premier roy chrétien, pour soy combattre contre le roy Candat, qui estoit Sarrasin, adversaire de la foy chrestienne, et qui estoit venu d'Allemagne à grant multitude de gens ès parties de France, et qui avoit faict, mis et ordonné son siége à Conflans-Sainte-Honorine, dont combien que la bataille commençast en la vallée, toutes voies, fut-elle achevée en la montaigne, en laquelle est à présent la tour de Mont-Joye. Et là fust pris premièrement, et nommé vostre cry en armes, c'est assavoir Mont-Joye-Saint-Denis. Et en la révérence de cette victoire, et de ce que ces armes Nostre-Seigneur envoya du ciel par un ange, et demonstra à un ermite, qui tenoist en icelle vallée de costé une fontaine, un hermitaige, en lui disant que il feist raser les armes de trois croissans que Clovis portoit en son escu, et feist mettre en ce lieu ses trois fleurs de lys, et en icelles le combattist, et il auroit victoire contre le roy Candat; lequel le révéla à la femme de Clovis, qui se plaisoit audit hermitaige, et apportoit souvent audit hermite sa recréation, laquelle les emporta et defaça les croessans (crapauds), et y mist les trois fleurs de lys. En celle place fut fondé un lieu de religieux, qui fust et est encore appelé l'abbaye de Joye-en-Val, en laquelle l'escu de ces armes a longtemps esté en révérence. »

Après le récit de la légende du lys apporté par les anges au bon ermite de Joye-en-Val, notre vieux chroniqueur, Vulson de la Colombière, met dans la bouche de Clovis les vers suivants :

En une guerre ou me voyois vaincu
Me fist penser comme j'avois vescu,
Et l'appelay (Dieu) sur l'heure à mon secours :
Lors tout soudain en grande foy je cours
Sur les Alemans mes mortels ennemis,
Dont j'eus victoire et à moy les soubmis,
Pourquoy cessay de plus paganiser :
Et tost après je me fis baptiser

Par sainct Remy d'un miraculeux cresme,
L'an de mon règne environ le quinzième,
Et me donna le haut Dieu sans merite,
De tous escus le seul choix et l'eslite,
Ce sont trois lys de pur or sur azur.

« Et ce », ajoute Vulson de la Colombière, auquel la signification profonde de cette légende n'échappe pas, « et ce, pour estre le gage certain et asseuré de la grandeur, de la splendeur et de la durée que Dieu donneroit à son royaume ; ayant mesme auparavant déclaré dans son Evangile, comme par prophétie de la loi salique, que lys *non laborant neque nent*, c'est-à-dire que la couronne des fleurs de lys ne file point et ne peut tomber de lance en quenouille, et que les lys ne peuvent estre cueillis d'une main étrangère ; lys qui excellent sur toutes les autres fleurs en odeur suave, en fécondité et en hauteur, et qui par cette raison doivent estre appelées les reynes des fleurs, et le vray hieroglyphique de la Majesté royalle ; lys qui sont les marques de la très-sainte Trinité par les trois fleurons qu'elles ont, qui signifient aussi sapience, foy et prouesse, par le moyen desquelles les royaumes se maintiennent ; lys qui servirent de principal ornement à la couronne de Salomon, dont le texte sacré porte qu'elles surpassoient la magnificence, et qui sont si agréables à Dieu qu'il avoit commandé à son grand législateur de les représenter aux plus superbes ouvrages de son temple, comme sur le grand chandelier d'or, sur les vaisseaux les plus précieux et sur les colonnes ; temples et ornements qui mystérieusement représentoient l'Eglise de Dieu : aussi peut-on dire avec raison que le royaume de France est la ferme colonne, le soutien et la défense de l'Eglise ; lys en l'odeur desquelles la sapience divine déclare que l'espoux de l'Eglise se plaist, lys, dis-je, que l'ange Gabriel portoit en façon de caducée lorsqu'il fut envoyé pour annoncer à la très-sainte Vierge qu'elle concevroit le rédempteur du monde, comme pour dénoter au genre humain l'espérance de leur salut. Et le prophète Isaïe, voulant signifier que l'homme juste vivra éternellement, dit que son âme fleurira au ciel comme le lys. Enfin, nous pouvons dire qu'il n'y a rien de si beau dans la nature que les lys, et que ce n'est pas sans un grand mystère que Dieu les a choisis entre toutes les fleurs pour composer les armoiries de nos roys. Elles (ces armoiries) y sont composées avec de l'or qui est le roy des métaux comme le soleil est le roy des astres ; pour dénoter que les roys des lys supassent en excellence tous les roys du monde ; elles sont posées sur un champ d'azur qui est la couleur qu'en France nous réputons la plus belle comme représentant le ciel qui estant la plus haute de toutes les choses créées, de mesme les roys de France qui en sont revestus à cause du champ de leurs armes, sont les plus riches et les plus sublimes de tous les potentats de la terre. »

A dater de Clovis, on retrouve en effet la fleur de lys dans les insignes des rois mérovingiens.

« Les fleurs de lys », dit M. de Saint-Allais, « étaient déjà employées pour ornement à la couronne des rois de France, du temps de la seconde race, et même de la première. On en voit la preuve dans l'abbaye de Saint-Germain des Prés, au tombeau de la reine Frédégonde, dont la couronne est terminée par de véritables fleurs de lys, et le sceptre par un lys champêtre. Ce tombeau, qui est de marqueterie parsemée de filigranerie laitoy, paraît original.

« Pour ce qui est de la seconde race, on trouve plusieurs portraits de Charles le Chauve, dans des livres écrits de son vivant, avec de vraies fleurs de lys à sa couronne. Quelques-uns de ces manuscrits se gardent à la bibliothèque du roi. »

On voit sur le sceau de Charlemagne, conservé à Rome, que sa couronne est ornée d'une fleur de lys. Quelques auteurs affirment même que ce conquérant, à chaque victoire qu'il remportait sur les Sarrasins, ajoutait une fleur de lys à sa couronne.

« Je mets à part », dit Gilbert de Varennes, « que le lys est le plus grand ennemi des serpents pour vous dire que du temps de Charlemagne les trois lys dont s'étoit servie la première race de nos rois furent tellement multipliés jusqu'à la troisième lignée, qu'on les voyoit semés sans nombre sur l'écu de France, et commencèrent d'être réduits à leur premier nombre de trois par le roy Charles VI. »

Saint Louis avait pris pour devise une marguerite et des lys, par allusion au nom de la reine sa femme et aux armes de France. Ce grand prince portait une bague représentant en émail et en relief une guirlande de lys et de marguerites, et sur le chaton de l'anneau était gravé un crucifix sur un saphir, avec ces mots : *Hors cet annel point n'ay d'amour*, parce qu'en effet cet anneau lui offrait l'image ou l'emblème de ce qu'il avait de plus cher : la religion, la France et Marguerite.

VI

Tant que la France et ses rois restèrent fidèles à la mission providentielle qu'ils avaient acceptée, tant qu'ils furent les soldats de Dieu, qu'ils firent les choses de Dieu, qu'ils furent les apôtres de la vérité, les soutiens de la justice, les missionnaires de l'unité, les lys continuèrent à fleurir joyeusement entre leurs mains. Elles étaient l'espérance des faibles, l'étoile du droit et la joie de l'Eglise. Et cela dura des siècles et des siècles pendant lesquels la France, vivant de la vie du Christ, fut la noble institutrice de l'humanité. Si elle eût continué, la face du monde serait presque entièrement changée. Mais vint un temps où ses rois commirent l'iniquité et se vautrèrent dans la boue. Alors par la corruption s'introduisit l'erreur. Attaquée dans sa foi, dans ses mœurs, dans ses traditions, dans son histoire, la nation ne tarda pas à être saturée d'un poison corrosif sous l'empire duquel elle entra dans des convulsions vertigineuses et se prit à se déchirer elle-même. Ses rois, ses prêtres, ses nobles, toute la meilleure partie d'elle-même vint s'engloutir dans l'abîme sanglant creusé par un philosophisme menteur et satanique. Pendant de longues et lugubres années elle s'enivra d'homicide et de carnage. La blanche fleur de lys, symbole de son antique élection et de sa sublime vocation providentielle, disparut de ses drapeaux, et à sa place on vit surgir l'aigle, emblème païen par excellence. De chrétienne qu'elle avait été depuis Clovis jusqu'à Louis XVI, la France devint un oiseau de proie qui ravagea les nations.

Une heure vint pourtant où l'enfant prodigue parut se recueillir et reprendre le chemin de la maison paternelle. Les fleurs de lys exilées brillèrent de nouveau. Mais la nation, prise de vertige, les arracha une seconde fois.

Renaîtront-elles dans notre patrie les blanches fleurs exilées ?

Toutes les voix prophétiques qui se sont élevées dans la suite des siècles, depuis saint Remy, le baptiseur des Francs, jusqu'à l'humble bergère Marie Lataste, et qui ont donné le signalement parfait de notre temps, sont unanimes pour déclarer que la renaissance des lys commencerait aussitôt après la purification par le feu de la moderne Babylone, c'est-à-dire de Paris.

Voici les plus curieuses et les plus authentiques de ces prophéties.

— La prophétie suivante est attribuée à saint Thomas d'Aquin, parce qu'on la trouva dans un livre à l'usage du célèbre docteur :

« Quand Rome, dit cette prophétie, commencera à entendre les mugissements de la vache grasse, l'Italie sera en proie à la guerre et aux dissensions. Une haine violente éclatera entre son serpent ailé et le lion qui porte des lys. Malheur à toi, terre de Pise, le veau secoue sa corne naissante d'un air menaçant. Alors naîtra, au milieu des lys, le plus beau des princes, dont le renom sera grand parmi les rois, tant à cause de la rare beauté de son corps que de la perfection de son esprit. L'univers entier lui obéira quand le chêne altier sera tombé et aura écrasé dans sa chute le sanglier au poil hérissé ; ses années s'écouleront dans le bonheur, de l'occident au levant, du levant au nord, et du nord au midi. De toutes parts il terrassera et foulera aux pieds ses ennemis. O Alpha et Oméga ! La vache grasse est unie à la couleuvre. Un roi monstrueux s'assiéra sur un trône mobile ; ce monarque échappera à grand'peine à une mort très-rapprochée. Lève-toi, sanglier hérissé, associe-toi aux lions, et tu prendras la couleuvre embarrassée dans ses plis tortueux. Le lion, surpris dans l'ivresse du triomphe, se laissera prendre par toi ; tu le tromperas et tu le feras périr. Malheur à toi, beau lion, quand tu te prépareras au combat, à l'ombre du chêne altier. Malheur à toi, Ligurie, et à toi, Flandre ensanglantée; tes prairies et tes fleurs seront dévastées. Le schisme sera renversé quand le chêne, dans sa chute, écrasera le sanglier sauvage. Pleure, hélas ! malheureuse Babylone que de tristes jours attendent : comme la moisson mûre, tu seras fauchée à cause de tes iniquités. Les rois s'avanceront contre toi des quatre coins du monde ; ils rassembleront les saints de Dieu pour qu'ils ne soient pas compris dans le jugement et qu'ils choisissent l'ange du Testament, qui doit convertir au Seigneur les cœurs pervertis et dissidents. La flèche de l'Italie, s'élançant vers le levant, ira creuser les sillons pour y planter la vigne du vrai Sauveur, alors que fleurira le prince du nouveau nom, à qui tous les peuples se soumettront et à qui la couronne orientale sera donnée en garde.

« Il surgira un monarque de l'illustre lys, qui aura le front haut, les sourcils arqués, de grands yeux, le nez aquilin; il rassemblera une grande armée et détruira tous les despotes de son royaume, et les frappera à mort : fuyant à travers les monts, ils chercheront à éviter sa face. Il fera aux chrétiens la guerre la plus constante, et subjuguera tour à tour les Anglais, les Espagnols, Aragonais, Lombards, Italiens. Les rois chrétiens lui feront leur soumission, Rome et Florence périront, livrées par lui aux flammes, et le sel pourra être semé sur cette terre où tomberont sous ses coups les derniers membres du clergé. La même année il gagnera une double couronne; puis, traversant la mer à la tête d'une grande armée, il entrera en Grèce, et sera nommé roi des Grecs. Il subjuguera les Turcs et les barbares, et publiera un édit par lequel quiconque n'adorera pas la croix sera mis à mort. Nul ne pourra lui résister, parce qu'il aura toujours auprès de lui le bras fort du Seigneur, qui lui donnera l'empire de l'univers entier : cela fait, il sera appelé la paix des chrétiens. Montant à Jérusalem sur le mont Olive, il priera le Seigneur, et découvrant sa tête couronnée, et rendant grâces au Père, au Fils et au Saint-Esprit, il rendra l'âme en ces lieux avec la couronne; et la terre tremblera, et l'on verra des prodiges. »

— Dans la prophétie dite de saint Césaire et imprimée en 1524, on lit le passage suivant :

« Après que l'univers entier et en particulier la France, et dans la France les provinces du nord, de l'est, et particulièrement la Lorraine et la Champagne, auront été en proie aux plus grandes misères et aux plus grandes tribulations, ces provinces seront secourues par un prince captif dans sa jeunesse, qui recouvrera la couronne du lys. *Juvenis captivatus qui recuperabit coronam lilii.* Ce prince étendra partout sa domination, *et dominabitur per universum orbem.* »

Il est impossible d'être plus clair et plus explicite.

— Le frère Jérôme Bottin, bénédictin de l'abbaye de Saint-Germain des Prés, à Paris, en 1410, plongeant son regard dans l'avenir, s'écrie :

« Après que quatre siècles seront plus qu'écoulés (c'était en 1410 que Jérôme Botin écrivait ces paroles), la *terre sera désolée et l'Eglise éplorée; le pasteur du ciel sera frappé et le troupeau dispersé; mais la rosée du ciel descendra et les autels de Beelzébuth seront renversés, et les ouvriers d'iniquité seront dissipés et périront. Il y aura un enfant du sang des rois que donnent les gens d'Artois.* (Henri V est le petit-fils de Charles X, comte d'Artois). Et il gouvernera la France avec prudence et honneur, et l'esprit du Seigneur sera avec lui. »

Suit le sombre tableau des maux qui doivent fondre sur Babylone (Paris) et qu'on dirait écrit après les événements qui viennent de se passer. L'accomplissement de ce dernier point de la prophétie nous est un sûr garant de l'accomplissement de ce qui regarde le roi des lys. « Oui, malheur, s'écrie encore le pieux et saint religieux, mille fois malheur au peuple qui s'est révolté contre l'autorité et qui a renversé ses lois. Il arrache sa prospérité jusqu'à la racine, IL A BRISÉ LES LYS ! »

C'est sous l'empire des mêmes sentiments que le P. Faber, Anglais d'origine et encore protestant, s'écriait à son tour en 1843 :

O blanches fleurs, dont les grands n'ont fait choix
Qu'après les saints, que de sublimes gloires
Vous embaumez ! que d'ignobles mémoires
Vous déguisez ! Puisant dans le tombeau
De saint Louis un suc toujours nouveau,
On ne peut plus, sans d'affreuses ruines,
Du fond du sol extirper vos racines.
Les grands desseins, les hauts pressentiments,
L'esprit de foi, les généreux serments,
Où vous croissez trouvent leur nourriture,
Où vous tombez trouvent leur sépulture.

— Dans une prophétie très-ancienne et recueillie par David Varens (*Commentaire de l'Apocalypse*, 1618), nous trouvons non-seulement l'annonce, mais encore le portrait du grand roi des lys :

« Vers la fin des temps, il paraîtra un grand monarque de la nation des très-illustres lys; il aura un grand front, des sourcils élevés, de grands yeux et le nez aquilin. Il réunira une grande armée et détruira tous les ennemis de son royaume. *Surget Rex ex natione illustrissimi lilii, habens frontem longam, supercilia alta, oculos longos, nasum aquilinum. Is congregabit exercitum magnum et omnes tyrannos regni sui destruet.* Car comme l'époux est uni à l'épouse, la justice lui sera unie : il détruira tous les ennemis du saint-siége, soumettra l'Europe à sa puissance. »

— La prophétie de l'abbé d'Otrante, faite en 1229, et recueillie et imprimée par J.-B. de Rocoles en 1600, n'est ni moins curieuse ni moins claire que la précédente.

La voici telle qu'elle est donnée par l'auteur du *Grand Pape* :

« Moi abbé Ubertin de la ville d'Otrante, en Calabre, ayant été averti par l'ange du Seigneur que le temps de ma mort approchait, j'ai fidèlement écrit sur ce parchemin ce que le ciel m'avait révélé sur l'ouverture du sixième sceau (l'Apocalypse désigne par ce sixième sceau les temps qui doivent précéder la grande époque de l'avenue de l'Antechrist, c'est-à-dire, d'après l'opinion commune, les temps actuels), et j'ai donné ordre, en vertu de la sainte obéissance, au frère Jacques d'Otrante et au frère Maur de Palerme, mes disciples bien-aimés, de placer cet écrit dans le sépulcre de marbre où ils placeront mon corps. Voici les paroles de cette prophétie (*et hæc sunt verba hujus prophetiæ*) :

« Lorsqu'il y aura sur la chaire de Pierre un pontife qui brillera sur toute l'Eglise comme une étoile resplendissante, après avoir été choisi contre l'attente universelle (*cum in sede sancti petri sedebit stella corus cans cujus splendor universam ecclesiam irradiabit*), le sépulcre où j'aurai été enseveli sera ouvert.

« L'ange du Seigneur couvrira de sa protection ce grand pontife, et, Dieu étant avec lui, il restaurera toutes choses, relèvera les autels et les églises délabrées. Alors viendra un gracieux rejeton de la race antique de Pepin pour visiter le saint pontife. Il sera pris comme par la main par le grand pontife, et celui-ci le placera sur le trône de France, depuis longtemps privé de ses rois légitimes ; il placera sur sa tête le diadème de la suprême puissance, et ce grand monarque sera l'appui de son pontificat. »

— Merlin Joachim, surnommé *le Prophète*, né en 1220 au pays napolitain, fut un saint et très-docte religieux. Nous trouvons dans ses ouvrages une prophétie où il voit se dessiner dans le lointain des âges les deux figures pleines d'analogies de Pie IX et d'Henri V :

« Après une trop grande effusion de sang innocent, dit le saint religieux, la prospérité du Seigneur descendra sur la nation désolée. Un pasteur remarquable s'assiéra sur le trône pontifical, sous la sauvegarde des anges. Pur et plein d'aménité, il résiliera toutes choses, rachètera par ses vertus aimables l'état de l'Église, les pouvoirs temporels dispersés... Il l'emportera sur toute autre puissance, et reconquerra le royaume de Jérusalem.

« ... Alors un monarque gracieux de la postérité de Pepin viendra en pèlerinage voir l'éclat du glorieux pasteur dont le nom commencera par un R. Un trône temporel venant à vaquer, le pasteur y colloquera ce roi qu'il appellera à son secours... Le saint pontife invoquera l'aide du monarque généreux de la France ; avant qu'il puisse être affermi et solidement assis sur le saint-siége, il y aura des guerres, des luttes pendant lesquelles le trône sacré sera ébranlé. Mais, à la faveur de la clémence divine, tout répondra aux vœux des fidèles, de telle sorte qu'ils pourront célébrer par leurs chants la gloire du Seigneur. »

Voilà ce qui a été écrit, il y a plus de soixante ans, par un humble moine caché dans la solitude de Casemar. Un écrivain contemporain ne décrirait pas avec plus d'exactitude les événements auxquels nous assistons et de l'issue desquels dépend le salut ou la ruine de la civilisation chrétienne. Déjà, comme prémisse de la prophétie, nous avons le doux pontife entrevu, espérons que le « monarque gracieux de la race de Pepin » ne se fera pas trop longtemps attendre.

— La prophétie qu'on va lire est fort ancienne. On l'attribue à un saint religieux de l'insigne abbaye d'Orval, située au milieu de la forêt de Chiny, dans le grand-duché de Luxembourg. Son authenticité a été contestée. Ce qu'il y a de certain, dit M. de Stenay dans son *Avenir dé-*

voilé, c'est qu'en 1794 Mgr de Chamoy, évêque de Saint-Claude, et plusieurs personnages de distinction, prirent connaissance de cette fameuse prophétie dans l'abbaye d'Orval même, où ils s'arrêtèrent en émigrant. Elle était écrite en style gaulois, difficile à lire, et que ses copistes n'ont malheureusement pas assez respecté :

« D'après plusieurs attestations respectables, ajoute M. de Stenay, le texte primitif, aujourd'hui perdu, de cette prophétie, était en latin : il renfermait des prédictions remontant jusqu'aux règnes des derniers Valois. Les plus anciennes traductions connues de nos contemporains, et qui toutes ont été plus ou moins francisées, ne contiennent qu'une partie seulement des prédictions du texte latin, et semblent indiquer, par les restes de leur vieille texture, qu'elles datent de la fin du quinzième siècle.

« Quoiqu'il soit regrettable que les copistes n'aient pas respecté scrupuleusement l'intégrité de la traduction gauloise primitive, leurs corrections ou rajeunissements de style, faits seulement dans le but de rendre celui-ci plus intelligible aux lecteurs peu versés dans le vieux langage, ne changent rien au fond ni au sens de la prophétie d'Orval, ainsi que le prouve la réalisation ponctuelle, jusqu'à présent, du texte des anciennes copies. Voici la partie de cette curieuse prophétie qui, de l'aveu de tous les critiques, a trait aux événements dont la France est aujourd'hui le principal théâtre :

. . . .

. . . .

« 24. Malheur au Celte-Gaulois ! Le coq effacera la fleur blanche, et un grand s'appellera roi du peuple. (*Louis-Philippe.*)

« 25. Grande commotion se fera sentir chez les gens, parce que la couronne sera placée par les mains d'ouvriers qui auront guerroyé dans la grande ville. (*Journées de juillet* 1830.)

« 26. Dieu seul est grand ! Le règne des méchants sera vu croître ; mais qu'ils se hâtent.

« 27. Voilà que les pensées du Celte-Gaulois se choquent, et que grande division est dans l'entendement. (*Troubles à Paris, banquets, réforme électorale.*)

« 28. Le roi du peuple assis sera vu en abord, moult faible, et pourtant contredira bien des méchants ; mais il n'était pas bien assis, et voilà que Dieu le jette bas. (*Révolution de février* 1848.)

« 29. Hurlez, fils de Brutus, appelez, par vos

cris, les bêtes qui vont vous manger. (*République.*)

« 30. Dieu grand !... quel bruit d'armes ! Il n'y a pas encore un nombre plein de lunes, et voici venir maints guerroyers. (*Journées de juin* 1848.)

« 31. C'est fait. La montagne de Dieu, désolée, a crié à Dieu ; les fils de Juda ont crié à Dieu de la terre étrangère, et voilà que Dieu n'est plus sourd.)

« 32. Quel feu va avec ses flèches ! (*Guerres étrangères ; invasion de la France par les Allemands en* 1870 ; *capitulation de Paris en janvier* 1871 ; *paix honteuse et boiteuse...; guerre civile ; châtiments célestes infligés à la France.*)

« 33. Dix fois six lunes et pas encore dix fois six lunes ont nourri sa colère. (*Neuf ans et demi.*)

« 34. Malheur à toi, grande ville !... Voici dix rois armés par le Seigneur... Mais déjà le feu t'a égalée à la terre. (*Destruction de Paris, massacre.*)

« 35. Pourtant les justes ne périront pas : Dieu les a écoutés.

« 36. La place du crime est purgée par le feu... (*Place de la Révolution.*) Le grand ruisseau a éconduit ses eaux, toutes rouges de sang. (*La Seine.*)

« 37. La Gaule, vue comme délabrée, va se rejoindre. (*Réorganisation de la France.*)

« 38. Dieu aime la paix. Venez, jeune prince, quittez l'île de la captivité (la terre d'exil). Joignez le lion à la fleur blanche.

« 39. Ce qui est prévu, Dieu le veut.

« 40. Le vieux sang des siècles terminera encore longues divisions.

« 41. Lors un seul pasteur sera vu dans la Celte-Gaule. (*Le grand monarque.*)

« 42. L'homme, puissant par Dieu, s'asseyera bien. Moult sages règlements appelleront la paix ; Dieu sera cru guerroyer d'avec lui, tant prudent et sage sera le rejeton de la Cap. (*Dynastie capétienne.*)

« 43. Grâces au Père de la miséricorde ! La sainte Sion rechante dans les temples un seul Dieu grand.

« 44. Moult brebis égarées s'en viendront boire au vrai ruisseau vif. (*Nombreuses conversions.*)

« 45. Trois princes et rois mettront bas le manteau de l'erreur et verront clair en la foi de Dieu.

« 46. Un grand peuple de la mer reprendra vraie croyance en deux tierces parts. (*L'Angleterre et l'Ecosse redeviendront catholiques.*)

« 47. Dieu est encore béni pendant quatorze fois six lunes et six fois treize lunes. (*Treize ans.*)

« 48. Dieu seul est grand !... Les biens sont faits ; les saints vont souffrir. (*Persécutions religieuses.*)

« 49. L'homme du mal arrive de deux sangs ; il prend croissance.

« 50. La fleur blanche s'obscurcit pendant dix fois six lunes et six fois vingt lunes, puis disparaît pour ne plus reparaître. (*Quatorze ans et demi.*)

« 51. Moult mal, peu de bien seront en ce temps-là. Moult grandes villes périront.

« 52. Israël viendra à Dieu-Christ tout de bon. (*Les juifs se convertiront.*)

« 53. Sectes maudites et fidèles seront en deux parties bien marquées. (*Les bons et les méchants.*)

« 54. C'est fait : Dieu seul sera cru.

« 55. Et la tierce part de la Gaule et encore la tierce part et demie n'aura plus de croyance, comme aussi les autres gens. (*Apostasie des cinq sixièmes de la France.*)

« 56. Et voilà déjà six fois trois lunes et quatre fois cinq lunes qui se sont séparées, et le siècle de fin a commencé.

« 57. Après le nombre non fait de ces lunes, Dieu combat par ses deux justes, et l'homme du mal a le dessus. (*Violentes persécutions de l'Antechrist.*)

« 58. Mais c'est fait, le haut Dieu met un mur de feu qui obscurcit mon entendement, et je n'y vois plus.

« 59. Qu'il soit béni à jamais. »

— Dans les premières années du dix-septième siècle, une grande voix prophétique se fit entendre dans l'Allemagne attentive. Ce fut celle du vénérable Barthélemy Holzhauser.

Fils d'un cordonnier de la Souabe, il se sentit un tel désir de s'instruire pour défendre la foi, qu'il eut l'héroïque courage de mendier son pain afin de pouvoir se livrer à l'étude. Dès son enfance il se fit remarquer par une grande innocence de mœurs. Chaste, humble et doux, il fut dès ses premières années favorisé de visions célestes. Il mourut en odeur de sainteté, étant curé de Bingen, le 20 mai 1658, à peine âgé de quarante-cinq ans. L'interprétation de l'Apocalypse qu'il nous a laissée est célèbre dans l'univers chrétien. Il écrivit ce grand ouvrage dans les solitudes du Tyrol, où il s'était retiré pour que son âme pût prendre plus librement son vol et suivre l'aigle de Pathmos sur les hauteurs célestes. Devant ce vaste esprit dont les forces naturelles sont prodigieusement accrues par la sainteté et par l'inspiration divine, tout le mouvement des choses humaines dans leurs rapports avec la religion se déroule avec une grandeur et une précision incomparables.

« Dans cet ouvrage (1), dit M. l'abbé Curicque, où la science et l'érudition prêtent un admirable concours à l'esprit prophétique de l'auteur, celui-ci divise l'histoire de l'Église catholique en sept âges, figurés, dit-il, par les sept Églises d'Asie, par les sept étoiles et les sept candélabres; le premier âge, qu'on peut appeler l'âge d'ensemencement, s'étend depuis Jésus-Christ et les apôtres jusqu'à Néron; le second âge, appelé âge d'irrigation, comprend le temps des dix grandes persécutions jusqu'à Constantin; le troisième âge, qui est l'âge illuminatif ou des docteurs, va depuis le pape saint Sylvestre et Constantin le Grand jusqu'à saint Léon III et Charlemagne; le quatrième âge, appelé pacifique, s'étend depuis saint Léon III

(1) *Voix prophétiques de tous les temps*, par l'abbé Curicque. 1 vol. in-12 de 400 pages. Prix, 3 fr. Chez Palmé. — C'est l'ouvrage le plus complet sur cette matière.

jusqu'à Léon X ; le cinquième, qui est l'âge d'affliction, commence à Léon X et à Charles-Quint, et se termine au pontife saint et au monarque puissant qui font en ce moment l'attente de la sainte Église ; le sixième âge est l'âge de consolation, qui doit être de courte durée et se terminera à l'apparition de l'Antechrist ; enfin le septième et dernier âge, qui sera l'âge de désolation, embrassera toute la période de l'Antechrist jusqu'à la fin des temps. »

La peinture que le vénérable Holzhauser fait du cinquième âge s'applique visiblement à l'époque que nous traversons et qui semble toucher à sa fin.

Quelques traits détachés de cette sombre et éloquente peinture ne laisseront aucun doute à cet égard.

« Tous les hérétiques, dit le prophète de Bingen, qui, dans le cinquième âge, sont à peu près aussi nombreux que les sauterelles sur la terre, se glorifient du nom du Christ ; ils disent être de vrais chrétiens et vivre en Jésus-Christ, et cependant tous sont morts et mourront éternellement, s'ils ne rentrent en eux-mêmes.

« Combien de catholiques qui sont morts intérieurement dans l'athéisme et l'indifférentisme, dans le calvinisme et le pseudopoliticisme, et dans leur haine contre les prêtres!... Si nous examinons en détail le petit nombre des catholiques, leur justice nous apparaîtra aussi dégoûtante qu'un linge sale, car la plupart ne s'adonnent qu'aux voluptés, et ils sont morts dans le péché. Ils ne servent qu'à l'œil; ils se glorifient dans les choses extérieures, et ils paraissent ignorer qu'on ne reçoit pas la brebis sans laine ; car leur charité chrétienne s'est refroidie, et ils ne recherchent que leurs aises et leur avantage personnel... L'humilité est presque inconnue dans ce siècle. *On tourne en ridicule la simplicité chrétienne, qu'on traite de folie et de bêtise, tandis qu'on regarde comme sagesse le savoir élevé et le talent d'obscurcir par des questions insensées et des arguments compliqués tous les axiomes de droit, les préceptes de morale, les saints canons et les dogmes de la religion; de telle sorte qu'il n'y a plus aucun principe, si saint, si authentique, si ancien et si certain qu'il puisse être, qui soit exempt de censures, de critiques, d'interprétations, de modifications, de délimitations et de questions de la part des hommes...* On orne son corps de beaux habits tandis que l'âme est tachée par les souillures du vice... ON NE CULTIVE QUE L'ESPRIT ET NON LE COEUR DANS L'ÉDUCATION DES ENFANTS, qu'on rend désobéissants, dissolus, beaux parleurs, babillards et irréligieux. Les parents les aiment d'un amour désordonné, dissimulant leurs défauts, ne les corrigeant pas et ne faisant pas observer la discipline domestique. On devrait faire de l'enfant un fils simple, bon, aimant la vérité, un vrai chrétien droit et juste ; mais on a beaucoup plus soin qu'il devienne un politique et un savant. Ce ne sera que lorsqu'il parlera plusieurs langues et qu'on l'aura formé aux mœurs étrangères qu'on l'envisagera comme un jeune homme de bonne espérance et un citoyen accompli. On exigera de plus qu'il sache feindre, dissimuler, parler et sentir d'une manière nouvelle, se faire à tout et imiter tout, comme un histrion. Or c'est ainsi que cet âge fait consister la justice et la vie dans la fausseté, dans la pompe extérieure, dans la mode et les applaudissements des hommes, tandis qu'il néglige la justice vraie et intérieure qui seule peut plaire à Dieu. Je ne dirai rien des ecclésiastiques et des religieux, car beaucoup d'entre eux ont le nom vivant et ils sont morts. Ce détail doit nous suffire pour prouver que c'est avec raison que Jésus-Christ adresse des reproches à ce cinquième âge de l'Église en lui disant : *Tu as le nom de vivant, mais tu es mort*. Oh! qu'il y a peu d'hommes dans cet âge qui sont vraiment vivants, en servant le Seigneur leur Dieu et en étant les amis de son Christ! Tu as le nom vivant, mais tu es mort dans la fausse doctrine; TU ES MORT DANS L'ATHÉISME ET LE PSEUDOPOLITICISME; *tu es mort* dans l'hypocrisie et la justice simulées; *tu es mort* dans tes péchés occultes, dans le secret de tes abominations; *tu es mort* dans les voluptés et les délices; *tu es mort* dans l'effronterie, la jalousie et l'orgueil; *tu es mort* dans les péchés de la chair, dans l'ignorance des mystères et des choses nécessaires au salut; *tu es mort* enfin dans l'irréligion et le mépris de la parole de Dieu, car toute charité, qui est la seule et véritable vie en Jésus-Christ, s'est refroidie en toi.

«... Vers la fin de cet âge, nous ne voyons partout que des calamités déplorables : tandis que tout est dévasté par la guerre, que les catholiques sont opprimés par les hérétiques et les mauvais catholiques, que l'Église et ses ministres sont rendus tributaires, que les principautés sont bouleversées, que les monarques sont tués, que les sujets sont rejetés et que tous les hommes conspirent à ériger des républiques, *il se fait un changement étonnant par la main du Tout-Puissant, tel que personne ne peut humainement se l'imaginer, car un monarque puissant, qui viendra comme envoyé de Dieu, détruira les républiques de fond en comble; il soumettra tout à son pouvoir et emploiera son zèle pour la vraie Église du Christ.* Toutes les hérésies seront reléguées en enfer, et le monarque régnera en Orient et en Occident. Toutes les nations viendront et adoreront le Seigneur leur Dieu dans la vraie foi catholique et romaine. Beaucoup de saints et de docteurs fleuriront sur la terre. Les hommes aimeront le jugement et la justice. La paix régnera dans tout l'univers, parce que la puissance divine liera Satan pour plusieurs années. Il délivrera la terre, avec l'aide du Seigneur son Dieu, de tous ses ennemis, de la ruine et de tout mal. »

Selon le prophète allemand, le règne du pontife saint et du monarque puissant ne finira point avec le cinquième âge; il se prolongera dans le sixième, c'est-à-dire dans l'âge de consolation.

« Alors toutes les nations seront rendues à l'unité de la foi catholique. Le sacerdoce fleurira plus que jamais, et les hommes chercheront le royaume de Dieu en toute sollicitude. Les hommes vivront en paix, chacun dans sa vigne et dans son champ. Cette paix leur sera accordée parce qu'ils seront réconciliés avec Dieu même. Ils vivront a l'ombre du monarque puissant et de ses successeurs. »

N'est-il pas évident que tous les caractères, attribués par le vénérable Holzhauser au cinquième âge s'appliquent d'une manière parfaite au temps où nous sommes arrivés? Et s'il en est ainsi, ne pouvons-nous pas concevoir l'espérance fondée de voir bientôt surgir le puissant monarque qui doit si puissamment contribuer au rétablissement de l'unité primitive au sein de l'humanité rachetée?

D'ailleurs toutes les prophéties les plus autorisées s'accordent à marquer et à désigner notre époque comme devant inaugurer le règne de l'unité.

M. de Maistre, dans ses notes des *Soirées de Saint-Pétersbourg*, cite un passage d'un commentaire de l'Apocalypse très-fameux aussi en Allemagne, et imprimé à Nuremberg en 1799.

Voici le texte :

« Le second ange qui crie : Babylone est tombée! est Jacob Behme. Personne n'a prophétisé aussi clairement que lui sur ce qu'il appelle l'*Ère des lys* (lilienzeit). Tous les chapitres de son livre crient : Babylone est tombée ! sa prostitution est tombée ! le temps des lys est arrivé ! » (Ch. xiv, p. 421.)

Le moderne commentateur fait suivre cette prophétie de réflexions qui s'élèvent elles-mêmes jusqu'à l'inspiration prophétique. Les voici telles que les donne un opuscule intitulé *le Grand Pape*, imprimé à Toulouse (1) :

« Quelle est cette Babylone réservée à un sort si funeste? Est-ce Rome? est-ce Londres? est-ce Constantinople? est-ce Paris ? Je tremble de le dire; mais, hélas! cette effrayante prédiction ne paraît guère pouvoir s'appliquer dans son ensemble qu'à notre illustre capitale. Quelle ville peut dire comme elle : *Je suis reine?* Voyez comme le prophète appuie sur son luxe, sur ses richesses, sur ses plaisirs, sur ses délices et sur sa corruption. Rome déchue de sa grandeur terrestre peut-elle lui être comparée? Si c'est Paris, et Dieu veuille que je me trompe ! répétons encore trois fois ces tristes paroles déjà trois fois répétées dans la prophétie de saint Jean : Malheur ! malheur ! malheur à cette brillante reine que toute l'Europe admirait !

---

(1) Ouvrage qui a eu un succès tel qu'on assure qu'il s'en est vendu cent mille exemplaires, *le Grand Pape et le Grand Roi*, 1 vol. in-18. Prix, 75 cent.

malheur à ceux de ses enfants que sa ruine envelopperait! malheur à nous tous qu'elle enrichissait de ses dons, qui comptons dans son sein des amis et des proches dont la perte nous arracherait des larmes de sang, et qui ne pourrions voir dans cette horrible destruction qu'un avant-coureur trop certain de la dernière catastrophe!

« Des signes! Depuis cinquante ans ils ne nous ont pas manqué. Que signifient, en effet, ces crimes de notre première révolution; ces moments de délire et de fureur inconnus aux nations les plus barbares; ce massacre des gens de bien; cet assassinat juridique d'un roi; ce règne de terreur; cette déesse Raison, sous l'image d'une prostituée, assise dans le temple de Dieu, sur l'autel de la Vierge; le saint sacrifice aboli, les sacrements interrompus; cet Être suprême décrété par le bon plaisir de Robespierre, dérision sacrilége aussi impie que l'athéisme même?... Que signifient ces effrayants prodiges opérés sous Napoléon... ces guerres sans exemple, ces victoires étonnantes et rapides, suivies bientôt de revers inouïs; ces hécatombes par milliers, et cette ample moisson de la mort dans toutes les parties de l'Europe? Que signifient ces comètes, ces éclipses, ces taches au soleil, maintenant si multipliées ? Que signifient ces nouveaux phénomènes et ces miracles particuliers dont quelques fidèles s'effrayent, sans compter ces affreux orages, ces inondations, ces horribles grêles (Apoc., XVI, 21) ; ces tremblements de terre aujourd'hui si fréquents (Matth., XXIV, 7) ? Que signifie cet étrange fléau, cette inexplicable maladie qui déconcerte la science et se joue de tous ses efforts, ce choléra, peste maligne et inévitable que nos pères ne connaissaient pas (*ibid.*) ; et ce dérangement presque continuel des saisons, et ces variations dans le monde politique comme dans l'ordre physique et moral ? Et ces attentats périodiques, ces émeutes incessantes, ces oppositions acharnées ; et cette *division dans l'entendement* des hommes du pouvoir, et cette cruelle et longue agonie du pouvoir lui-même, et ces vagues terreurs presque générales, et ces bruits de guerre (*ibid.*, 7, 9), et ce refroidissement de la charité (*ibid.*, 12), et cet accord presque unanime de tous les bons esprits pour prédire un renouvellement prochain de toutes choses ?... »

Écoutez encore : « Les révolutions presque continuelles par lesquelles nous avons passé depuis cinquante ans ont perverti notre goût comme nos mœurs, et nous ont accoutumés à désirer partout le merveilleux et l'extraordinaire qu'ont présentés les événements modernes. Ce ne sont plus de tranquilles émois, de naïves peintures; ce sont des débauches d'esprit, des agitations, des ébranlements que les hommes d'à présent demandent... Nos historiens sont pour la plupart fatalistes... Notre littérature et notre théâtre sont devenus abominables : la terreur, la pitié ne nous suffisent plus; c'est de l'horrible qu'il nous faut... *J'ai bien peur que, sous peu de temps, notre goût dépravé, notre corruption, notre insensibilité, notre athéisme, ne soient punis par des drames d'un nouveau genre mille fois plus affreux encore que les drames si hideux qu'enfante* et que peut enfanter *notre imagination en délire. J'ai bien peur que nous ne voyions en réalité* ce que David n'a vu qu'en figure, « la mer s'enfuir et « le Jourdain retourner en arrière, les mon- « tagnes sautant comme des béliers et les col- « lines comme les agneaux des brebis, et la « terre ébranlée en la présence du Seigneur, « parce que les nations en sont venues à dire : « *Où est leur Dieu* (ps. CXIII) ? » Nous voulons d'effrayants spectacles; *nous en aurons,* NOUS N'EN AURONS QUE TROP ! »

Ces « spectacles effrayants », la commune ne vient-elle pas de nous en donner un avant-goût ?

— Il circule dans le pays blaisois une prophétie qui a trait aux événements de l'année 1848 et suivantes. Elle a été faite en 1808, par une religieuse ursuline, sœur Marianne, dont la sainte vie était connue de tous.

SŒUR MARIANNE A SŒUR PROVIDENCE DES URSULINES.

1848.

« 7. Ils recommenceront donc au mois de février ; vous serez sur le point de faire une cérémonie de vœux, et vous ne la ferez pas.

« 8. Ensuite, avant la moisson, un prêtre de Blois partira pour Paris ; il y restera trois jours, et reviendra ayant soin qu'il ne lui arrive rien. Un autre, qui ne sera pas de Blois, partira ensuite. Il n'ira pas jusque-là, parce qu'il ne pourra pas entrer. Il reviendra donc le même jour.

« 9. Si ce trouble devait être le dernier, on se cacherait dans les blés, et les femmes feraient la moisson, car tous les hommes partiront ; ils n'iront que petit à petit, et ils reviendront.

« 10. Les séminaristes auraient pu partir ;

mais il ne leur arrivera rien, car ils seront sortis quand les malheurs arriveront, ils ne rentreront pas même au temps fixé ; pourtant ils auraient pu rentrer (elle répète cela plusieurs fois). Comme la sortie des séminaristes est dans la première quinzaine de juillet, les grands malheurs commenceront donc après cette époque.

« 11. La mort d'un grand personnage sera cachée pendant trois jours.

« 12. Les grands malheurs auront lieu avant les vendanges. Il y aura des signes auxquels vous vous y reconnaîtrez. Ces signes regardent la communauté. Un d'eux est l'élection d'une supérieure, qui, devant avoir lieu, ne se fera pas.

« 13. Alors on descendra un matin sur le champ de foire, et on verra les marchands se dépêcher d'emballer. — « Et pourquoi, leur dira-t-on, emballez-vous si vite ? — Nous voulons, répondront-ils, allez voir se qui se passe chez nous. »

« 14. Que ces troubles sont effrayants !

« 15. Pourtant ils ne s'étendront pas dans toute la France, mais seulement dans quelques grandes villes, et surtout dans la capitale, où il y aura un combat terrible, et le massacre sera grand.

« 16. Blois n'aura rien. Les prêtres, les religieux auront grand'peur. L'évêque s'absentera dans un château ; quelques prêtres se cacheront ; les églises seront fermées, mais si peu de temps qu'à peine si l'on s'en apercevra : ce sera au plus l'espace de vingt-quatre heures.

« 17. Vous serez vous-mêmes sur le point de partir ; mais la première qui mettra le pied sur le seuil de la porte vous dira : « Rentrons, » et vous rentrerez.

« 18. Avant ce temps, on viendra dans les églises, et l'on fera dire des messes pour les hommes qui seront au combat.

« 19. Quant aux prêtres et aux religieuses de Blois, ils en seront quittes pour la peur.

« 20. Mais il faut bien prier, car les méchants voudront tout détruire ; mais ils n'en auront pas le temps.

« 21. Ils périront tous dans le combat.

« 22. Il en périra aussi beaucoup de bons, car on fera partir tous les hommes, il ne restera que les vieillards. (La sœur semble avoir prédit la dernière circulaire de M. Gambetta.)

« 23. Les derniers cependant n'iront pas loin ; leur absence ne sera tout au plus que de trois jours de marche.

« 24. Ce temps sera court ; ce sera pourtant

les femmes qui prépareront les vendanges, et les hommes viendront les faire parce que tout sera fini.

« 25. Pendant ce temps on ne saura les nouvelles au vrai que par quelques lettres particulières.

« 26. A la fin, trois courriers viendront. Le premier annoncera que tout est perdu. Le second, qui arrivera pendant la nuit, ne rencontrera dans son chemin qu'un seul homme appuyé sur sa porte. « Vous avez grand chaud, mon ami, lui dira celui-là ; descendez prendre un verre de vin. — Je suis trop pressé », répondra le courrier. Il lui annoncera qu'un autre doit bientôt venir annoncer une bonne nouvelle, puis il continuera sa route vers le Berry.

« 27. Vous serez en oraison (vers six heures du matin) quand vous entendrez dire que deux courriers sont passés ; alors il en arrivera un troisième, feu et eau, qui devra être à Tours à sept heures et qui apportera la bonne nouvelle.

« 28. Puis on chantera un *Te Deum*, oh ! mais un *Te Deum* comme on n'en a jamais chanté.

« 29. Mais ce ne sera pas celui qu'on croit qui régnera d'abord ; ce sera le sauveur accordé à la France, et sur lequel elle ne comptait pas.

« 30. Le prince ne sera pas là, on ira le chercher.

« 31. Cependant le calme renaîtra, et, depuis le moment où le prince remontera sur le trône, la France jouira d'une paix parfaite et sera plus florissante que jamais pendant vingt ans. »

— La sœur Rosa-Colomba Asdente, née en 1781 et morte en 1847, passa presque toute sa vie dans le couvent des dominicaines de Sainte-Catherine de Sienne de Taggia (diocèse de Ventimiglia), où elle avait pris le voile à treize ans. Le doux nom de Colomba que portait cette vierge résume toute sa vie. Pour la douceur, l'humilité, la simplicité, la charité, elle était véritablement une colombe. Aussi Dieu lui accordait-il souvent une claire vue des événements futurs. C'est ainsi qu'elle prophétisa la chute de Louis-Philippe, sa fuite hors de France et sa mort en Angleterre. Parlant ensuite de Charles-Albert, elle dit :

« Le roi de Piémont se mettra à la tête des volontaires, sera vaincu, et prendra la fuite à l'étranger, où il ira mourir aux frontières d'Espagne. »

On sait qu'en effet l'imprudent souverain, vaincu à Novarre, alla mourir à Oporto le 28 juillet 1849.

Voici ce qu'elle annonça (1) du roi galant homme :

« Après le règne de Charles-Albert viendra un règne d'enfants qui se terminera par plusieurs catastrophes. Le souverain sera détrôné et... »

Elle disait souvent aussi que l'ami de ce « *nuovo re* », Napoléon, qu'elle nommait par son nom, au grand ébahissement des religieuses lui demandant si donc Napoléon ressusciterait, « ne serait pas bien solidement assis sur le trône, et que la déchéance serait par une longue affaire. »

A la suite de la chute de Napoléon III, sœur Colomba annonça « qu'une grande persécution éclatera contre l'Église, et que ce sera l'œuvre des propres enfants de celle-ci. »

Ce qui se passe à Rome en ce moment même prouve que cette prophétie est en voie de réalisation.

Enfin, dans les prophéties qui concernent la terrible crise que nous traversons, la sœur dit notamment « que de grands bouleversements auront lieu, au point que l'on verra peuple contre peuple marcher à s'exterminer l'un l'autre, sous le tonnerre sinistre des tambours et des armes meurtrières. La révolution doit

(1) *Voix prophétiques,* par M. l'abbé Curicque.

s'étendre à toute l'Europe, où il n'y aura plus de calme qu'APRÈS QUE LA FLEUR BLANCHE SERA DE NOUVEAU REMONTÉE SUR LE TRONE DE FRANCE. »

— Ecoutons maintenant Marie Lataste.

Marie Lataste est de la famille spirituelle de sainte Catherine de Sienne et de sainte Thérèse. Elle en a la profondeur, l'élévation, la sûreté doctrinale. Son style, comme celui de ces grandes saintes, reflète les embrasements divins au sein desquels se dilatait pleinement son âme. Elle a le secret des mots puissants qui renferment tout un monde d'idées et attirent le lecteur vers le foyer des plus grandes vérités.

Mais quand, après avoir lu ses œuvres, on lit sa vie et qu'on apprend qu'elle n'était qu'une simple villageoise du département des Landes (1), sachant à peine lire, et continuellement occupée aux travaux des champs, on reste confondu, et on se demande par quel prodige une pauvre bergère a pu écrire de tels ouvrages.

Marie Lataste nous l'explique elle-même dans ces quelques mots placés en tête de sa correspondance :

(1) Née le 21 février 1822, elle mourut à Rennes le 10 mai 1847. Son œuvre se compose de lettres écrites au jour le jour à son curé et par ordre de celui-ci.

« Je suis, dit-elle, une humble et pauvre fille de la campagne, ne sachant autre chose que ce que ma mère m'a enseigné. Or toute ma science, dans l'ordre de la nature, consiste à savoir lire, écrire, manier l'aiguille et tourner le fuseau.

« Je suis aussi une grande pécheresse dont le Sauveur Jésus a eu pitié ; car il m'a d'abord rachetée au prix de son sang et comblée ensuite de ses faveurs les plus signalées. Ma science, dans l'ordre surnaturel, a longtemps consisté dans la seule connaissance des principales vérités du salut. Je les avais apprises avec satisfaction en mon enfance ; j'y pensais souvent, mon esprit y trouvait son repos, mon âme en faisait ses délices. Peu à peu la lumière a grandi comme celle d'un vaste foyer où l'on met du bois sur du bois et dans lequel un vent impétueux souffle de tous côtés. C'est le Sauveur Jésus, lumière du monde, qui a été celle de mon âme ; il m'a élevée comme une mère élève sa fille, avec patience et persévérance. Si je sais quelque chose de plus aujourd'hui, c'est à lui que je le dois, je tiens tout de lui.

« Puisqu'il m'est ordonné par la sainte obéissance de rendre compte de ce que m'a dit et me dit encore chaque jour le Sauveur Jésus, je le ferai avec simplicité, comme mon esprit me le rappellera et selon que je saurai m'exprimer.

« Marie Lataste. »

Ces miracles de la vérité agissant dans une âme sainte et pure, la fécondant, la vivifiant, la dilatant et en tirant des jets sublimes, ce miracle est très-fréquent, presque ordinaire, dans l'histoire de l'Église.

Les lettres de la bergère des Landes contiennent plusieurs prophéties très-importantes et dont quelques-unes sont en pleine voie de réalisation. Nous eussions désiré les rapporter ici ; mais, obligé de nous circonscrire, nous nous bornons à citer celle qui a rapport à notre pauvre France et au sujet qui nous occupe. Elle fait l'objet d'une lettre écrite à son confesseur le 20 novembre 1843.

Voici cette lettre :

« Monsieur le curé,

« C'est toujours avec cette confiance que m'inspire votre charité, et en ma qualité de votre enfant en le Sauveur Jésus, que je vous communique selon, votre désir, tout ce que j'éprouve. Voici ce que m'a dit, après la sainte communion, le Sauveur Jésus :

« Ma fille, je suis le maître de ma parole. Je dis tout ce que je veux, quand je veux, à qui je veux, et nul n'a le droit de m'interpeller ainsi. — Pourquoi, Seigneur, parlez-vous de cette sorte? Pourquoi de semblables entretiens? — Je sais faire tourner tout à ma gloire et à l'économie de ma providence sur une âme en particulier comme sur le monde entier. Aujourd'hui, je veux vous parler de votre patrie. Ecoutez :

« Le premier roi, le premier souverain de la France, c'est moi. Je suis le maître de tous les peuples; je suis particulièrement le maître de la France. Je lui donne prospérité, grandeur et puissance, au-dessus de toutes les autres nations, quand elle est fidèle à écouter ma voix. Je bénis ses populations plus que toutes les autres populations de la terre, quand elles sont fidèles à écouter ma voix. J'ai choisi la France pour la donner à mon Église, comme sa fille de prédilection. A peine avait-elle plié la tête sous mon joug, qu'elle devint l'espoir de mes pontifes, et bientôt après leur défense et leur soutien. Ils lui donnèrent le nom bien mérité de fille aînée de l'Église. Or, vous le savez, tout ce que l'on fait à mon Église, je le regarde comme fait à moi-même. Je le dis à l'honneur et à la gloire de votre patrie, pendant des siècles, la France a défendu, protégé mon Église ; elle a été mon instrument, le rempart indestructible et visible que je lui donnais pour la protéger contre ses ennemis. Du haut du ciel je la protégeai, elle, ses rois et leurs sujets. Que de grands hommes elle a produits ! C'est moi qui lui ai donné ces hommes qui feront sa gloire à jamais.

« Ma générosité n'est point épuisée pour la France ; j'ai les mains pleines de grâces et de bienfaits que je voudrais répandre sur elle. *Pourquoi a-t-il fallu, faut-il encore et faudra-t-il donc que je les arme de la verge de ma justice ?*

« Quel esprit de folle liberté a remplacé dans son cœur l'esprit de la seule liberté véritable descendue du ciel, qui est la soumission à la volonté de Dieu ? Quel esprit d'égoïsme sec et plein de froideur a remplacé dans son cœur l'esprit ardent de la charité descendue du ciel, qui est l'amour de Dieu et du prochain ? Quel esprit de manœuvres injustes et de politique mensongère a remplacé dans son cœur la noblesse de sa conduite et la droiture de sa parole, conduite et parole autrefois dirigées par la vérité descendue du ciel, qui est Dieu lui-même ?

« Je vois encore, je verrai toujours dans le royaume de France des hommes soumis à ma volonté, des hommes enflammés de charité, des hommes amis de la vérité ; mais à cette heure le nombre en est petit. Aussi elle brise le trône de ses rois, exile, rappelle, exile encore ses monarques, souffle sur eux le vent des tempêtes révolutionnaires, et les fait disparaître comme les passagers d'un navire englouti dans les abîmes de l'Océan. A peine leur reste-t-il dans ce naufrage une planche de salut qui les mène quelquefois au rivage. Je lui ai suscité des rois ; elle en a choisi d'autres à son gré. N'at-elle point vu, ne voit-elle pas que je me sers de sa volonté pour la punir, pour lui faire lever les yeux vers moi ? Ne trouve-t-elle pas aujourd'hui le joug de son roi (alors Louis-Philippe) pénible et onéreux ? Ne se sent-elle pas humiliée devant les nations ? Ne voit-elle pas la division parmi les esprits de ses populations ? Elle n'est point en paix. Tout est dans le silence à la surface ; mais tout gronde, tout mugit, tout fermente au-dessous, dans le peuple, dans ceux qui se trouvent immédiatement au-dessus du peuple comme parmi les grands. L'injustice marche tête levée et semble être revêtue d'autorité ; elle n'a pas d'obstacles, elle agit comme elle veut agir. L'impiété fait ses préparatifs pour dresser son front orgueilleux et superbe dans un temps qu'elle ne croit pas éloigné et qu'elle veut hâter de tout son pouvoir. *Mais, en vérité,* je vous le dis, *l'impiété sera renversée, ses projets dissipés, ses desseins réduits à néant à l'heure où elle les croira accomplis et exécutés pour toujours.*

« France ! France ! combien tu es ingénieuse pour irriter et calmer la justice de Dieu. Si tes crimes font tomber sur toi les châtiments du ciel, la vertu de charité criera vers le ciel : *Miséricorde et pitié, Seigneur !* Il te sera donné, ô France ! de voir les jugements de ma justice irritée dans un temps qui te sera manifesté ; mais tu connaîtras aussi les jugements de ma compassion et de ma miséricorde, et tu diras : Louange et remercîment, amour et reconnaissance à Dieu à jamais, dans les siècles et dans l'éternité.

« Oui, à un souffle qui sortira de ma bouche, leurs pensées, leurs projets, leurs travaux disparaîtront comme la fumée au vent. »

Voici maintenant ce qui regarde le grand roi, c'est à n'y pas s'y tromper :

« *Ce qui a été pris sera rejeté, ce qui a été rejeté sera pris de nouveau. Ce qui a été aimé et estimé sera détesté et méprisé, ce qui a été détesté et méprisé sera de nouveau estimé et aimé.*

« *Quelquefois, d'un vieil arbre coupé dans une forêt il ne reste plus que le tronc; mais un rejeton pousse au printemps, et les années le développent et le font grandir; il devient lui-même un arbre magnifique, l'honneur de la forêt.*

« Priez pour la France, priez beaucoup, ne cessez point de prier. La France ne périra pas. »

— Nous empruntons encore la prophétie suivante au livre intitulé *le Grand Pape et le Grand Roi*:

Prophétie de la mère du Bourg, fondatrice des sœurs du Sauveur, de Limoges. — Cette sainte religieuse est née à Toulouse, d'une famille privilégiée où la vertu et le dévouement à la sainte cause de la patrie sont héréditaires; elle y brille comme un diamant dans un écrin de perles. Petite-fille d'un martyr, tante de deux jeunes héros qui viennent de verser leur sang pour la France, elle était la digne fille d'un père qui, à l'âge de quinze ans, suivait à pied, de Toulouse à Paris, la charrette qui portait à l'échafaud son père, conseiller au parlement, pour ne se séparer de lui que lorsque le bourreau l'arracha de ses bras. Cette sainte religieuse a été comblée pendant sa vie de grâces extraordinaires; on l'a vue souvent, pendant ses oraisons, soulevée de terre, et les œuvres admirables qu'elle a accomplies témoignent des vertus de sa grande âme. Elle ne séparait jamais l'amour de la patrie de celui de Dieu; elle priait avec larmes pour sa chère France qu'elle voyait si malheureuse, et souvent elle mérita par ses larmes et ses prières d'obtenir des révélations précieuses sur l'avenir. Elle a écrit elle-même de sa propre main ces révélations qu'elle appelle *Vues intérieures*. Ayant demandé à Notre-Seigneur si elle devait manifester ce qu'elle avait vu et entendu, il lui fut répondu : « Ce n'est pas pour toi que ces paroles ont été dites. » Nous avons le bonheur d'avoir ce manuscrit sous nos yeux.

En voici les passages les plus saisissants :

1° *Pour* 1830. « Un an avant la révolution de juillet, j'étais à la chapelle; j'allais en sortir pour visiter les pauvres et les malades, lorsque Jésus-Christ me dit à l'intérieur, mais d'une manière fort distincte : « Reste avec moi, ma « fille, je suis le premier pauvre que tu dois « visiter et consoler ! » Alors j'eus une vue intérieure de Jésus-Christ que les impies crucifient de nouveau.

« Je compris qu'il y avait une conspiration contre la religion et l'État ; elle éclata environ un an après. Lorsqu'elle eut lieu, je priai avec larmes le Seigneur de jeter un regard de compassion sur nous, et je compris alors que le royal enfant que l'on amenait en exil reviendrait plus tard pour gouverner la France.

« Le saint archange saint Michel, en particulier, me fit sentir sa présence, me révéla plusieurs choses à l'avance et me dit qu'il était le protecteur spécial de la France, et qu'il y ramènerait un jour le prince *Dieudonné*.

« Pendant le règne de Louis-Philippe, j'entendis le Seigneur lui dire d'une voix menaçante : « Vous m'avez méprisé ; vous avez fait « apostasier mon peuple en le faisant travailler « le dimanche. La jeunesse a été livrée aux im- « pies. » Et je compris alors que ce roi serait châtié, et il me fut dit que le temps approchait, et bientôt après on vit éclater la révolution de 1848. Les remparts et les forteresses, bâtis au mépris de la loi de Dieu, ne purent défendre celui qui les avait fait élever pour sa sûreté, selon les belles paroles de saint Félix : « Avec « la protection de Jésus Christ, les toiles d'arai-« gnée sont plus fortes que les murailles, et sans « la protection de Jésus-Christ, les plus fortes « murailles ne sont que des toiles d'araignée. » Je compris surtout que c'était la profanation du saint jour du dimanche qui attirait sur la France les plus terribles fléaux. »

2° *Pour* 1848, 49 *et* 50. « Cette tourmente révolutionnaire fit verser bien du sang, commettre bien des crimes ; mais cependant les méchants furent encore arrêtés, grâce à l'intercession de Marie, des anges et des saints protecteurs de la France, et par la prière et les bonnes œuvres des justes. Jésus-Christ était sur son trône ; son bras était levé pour frapper la terre. Marie, placée sur un autre trône à sa droite, s'efforçait d'arrêter son bras ; elle voulait se jeter à ses pieds pour lui demander grâce, Jésus-Christ l'en empêcha et lui dit : « Ma « mère, commandez, vos prières ne peuvent es-« suyer de refus. » Il ajouta que les crimes des hommes allaient si loin, que, s'il ne les punissait, les fléaux plus tard ne seraient que plus terribles ; Marie, cependant, plaidait toujours pour la miséricorde. Il s'agissait de la France.

Les anges exterminateurs, le glaive à la main, n'attendaient que le signal pour frapper la terre. Marie se tourna vers les saints de France et les encouragea à parler pour leur patrie; il y eut alors un traité entre la justice et la miséricorde. La justice punira, mais la miséricorde viendra, et nous serons sauvés. *Il y aura une crise terrible;* mais il m'a été dit qu'après ce temps d'épreuve, *le Seigneur ramènerait le prince Dieudonné.* »

3° *Pour l'époque actuelle.* « Le Seigneur m'a fait des plaintes d'une manière terrible; il se plaint de cette fureur à chercher le plaisir; il se plaint des danses scandaleuses, de l'indécence et du luxe des parures, et s'il défend dans le saint Évangile même un seul mauvais regard, même un seul mauvais désir, faut-il s'étonner qu'il ne punisse pas par des châtiments terribles la corruption des mœurs qui est la suite nécessaire de tous ces abus, la source de tant de crimes, et qui entraîne, avec la ruine des bonnes mœurs, celle de la santé et la perte des âmes? Les peuples, comme toujours, ont imité les mauvais exemples des grands: il n'y a plus de digue au torrent des passions furieuses; l'autorité divine est entièrement méconnue; les hommes méprisent la loi de Dieu et les enfants celle de la famille : aussi l'ordre n'est que factice, la force et la contrainte seules le maintiennent encore.

« Voilà où nous en sommes (elle écrivait cela en 1857), les châtiments du Seigneur vont tomber sur nous en diverses manières. Des fléaux, des troubles, le sang versé. Il y aura dans notre France un renversement effroyable! Cependant ces jours seront abrégés en faveur des justes. Dieu élèvera sur le trône un roi modèle, un roi chrétien. Le fils de saint Louis aimera la religion, la bonté, la justice. Le Seigneur lui donnera la lumière, la sagesse et la puissance. Lui-même l'a préparé depuis longtemps et l'a fait passer au creuset de l'épreuve et de la souffrance, mais il va le rappeler de l'exil. Lui le Seigneur le prendra par la main, et au jour fixé il le replacera sur le trône. Sa destinée est de *réparer* et de *régénérer;* alors la religion consolée refleurira, et tous les peuples béniront le règne du prince Dieudonné ; mais ensuite le mal reprendra le dessus et durera plus ou moins jusqu'à la fin des temps. La lumière d'en haut ne m'a pas été donnée pour les derniers événements du monde dont parle l'Apocalypse. »

En lisant ces pages, ne croit-on pas entendre la voix d'un ange du ciel aussi bien que la voix d'un prophète ?

VII

Nous pourrions rapporter ici beaucoup d'autres prophéties non moins remarquables que les précédentes ; mais celles-ci suffisent au but que nous nous sommes proposé.

L'Église ne s'étant pas prononcée sur leur authenticité et leur inspiration, nous ne les donnons que comme des prévisions d'âmes saintes et pures, que comme des voix enthousiastes qui se sont élevées de divers points du temps et de l'espace, et qui toutes font retentir à nos oreilles le doux chant de l'espérance.

Nous les donnons encore comme une preuve touchante que tous les cœurs d'élite, à quelque nation qu'ils aient appartenu et à quelque époque chrétienne qu'ils aient vécu, ont toujours considéré la France comme le foyer du mouvement religieux, comme la nation centrale, comme l'organe principal de l'Église, comme la nation choisie du Christ, la nation baptismale, à la fidélité de laquelle sont très-intimement liées les destinées de l'Église et par conséquent de la vraie civilisation.

FIN.

PARIS. — E. DE SOYE ET FILS, IMPR., PLACE DU PANTHÉON, 5.

www.ingramcontent.com/pod-product-compliance
Lightning Source LLC
LaVergne TN
LVHW051459090426
835512LV00010B/2233